EUG. RÉVEILLAUD

MANUEL
DU
CITOYEN

PRIX : **50** CENTIMES
5 fr. les **12** exemplaires

PARIS	TROYES
L. LE CHEVALIER, Éditeur	PERDERIZET, Libraire
61, rue Richelieu	25, pl. de l'Hôtel-de-Ville

ET CHEZ LES PRINCIPAUX LIBRAIRES

1875

MANUEL
DU CITOYEN

PAR

Eug. RÉVEILLAUD

Rédacteur en chef de l'*Avenir républicain*, de Troyes

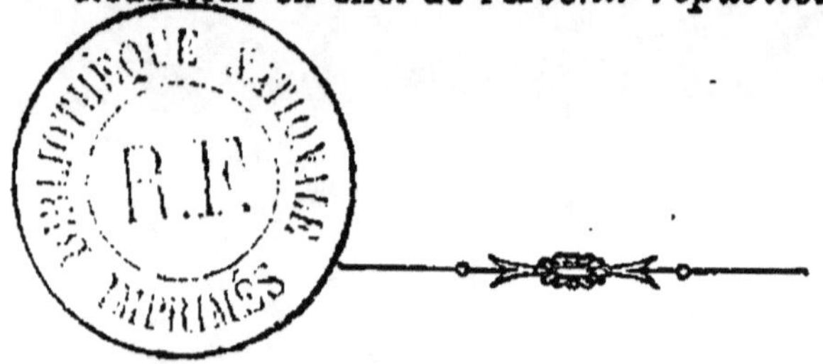

PARIS

A. LE CHEVALLIER, rue Richelieu, 61
ANDRÉ SAGNIER, rue Vivienne, 9
ERNEST LEROUX, rue Bonaparte, 28
Et chez les Libraires démocratiques des départements

1874

MANUEL DU CITOYEN

Sous ce titre, nous nous proposons de faire une série d'études sur les questions politiques qui prennent une place de plus en plus grande dans notre société française. C'est une sorte de catéchisme civique que nous entreprenons. Beaucoup de citoyens en effet, surtout parmi ceux qui sont convertis, depuis peu de temps, à l'idée républicaine, n'ont, sur les grands problèmes qui tiennent en suspens l'opinion et qui divisent les hommes, que des idées vagues et confuses. Tel est républicain par sentiment, nous pourrions dire par instinct, qui serait fort embarrassé, à l'occasion, de soutenir une discussion sur les principes qui lui sont chers, et tel autre ne sait à quelle opinion se rallier, ni quel parti prendre au milieu des querelles qui partagent notre société, parce que son attention n'a jamais été fixée sur ces mêmes principes et que le rudiment, pour ainsi dire, de la politique lui est inconnu.

Préciser chez les uns des connaissances trop imparfaites, éveiller, chez les autres, le goût de ces connaissances, tel est le but de ce manuel. But ambitieux sans doute, car en face de ces problèmes que nous voulons essayer de résoudre, nous avons nous-même, le premier, le sentiment de notre insuffisance. Nous voudrions une plume qui fût plus autorisée que la nôtre pour tenter l'œuvre de vulgarisation que nous indiquons. Nous savons que des essais ont été déjà faits dans ce genre. Beaucoup de petits livres, forts bons, qui renseignent les électeurs sur leurs droits et sur leurs devoirs, sont répandus, parmi les ouvriers et les paysans, par les soins des sociétés d'instruction populaire. Il n'y en a pas assez. Toujours quelques-uns échappent à l'œuvre de propagande ; et souvent aussi tel livre mis entre les mains de l'homme qu'on veut instruire, n'est pas celui qu'il peut goûter ni dont il a des fruits à retirer.

Tant de gens répandent, à côté de nous, l'ivraie, qu'on ne trouvera jamais trop de semeurs pour jeter le bon grain sur la terre. Ouvrier de la onzième heure, nous ne demandons pas à être récompensé plus que les ouvriers de la première, mais nous nous offrons à la tâche, nous l'entreprenons de bon cœur et, si dans le sillon que nous creusons, poussent quelques germes de vérités, si notre livre réussit à opérer quelques conversions, parmi les indifférents ou les hostiles, nous nous tiendrons pour assez payé de notre peine, et notre entreprise sera par là même justifiée.

Nos entretiens s'adressant à ceux qui ne sont pas initiés à la langue de la politique, nous tâcherons d'être simple, clair, à la portée de tous. Nous éviterons les grands mots qui ne disent rien et les grands raisonnements qui ne prouvent rien. « Instruire, en étant compris, » telle serait notre devise, si nous avions à en chercher une ; mais cela même demanderait des éclaircissements et nous préférons entrer tout de suite dans le plein de notre sujet.

CHAPITRE PREMIER.

—

Du Citoyen.

Et d'abord, qu'est-ce qu'un citoyen ?

Je me rappelle l'impression fort vive que je ressentis quand, étant encore tout jeune homme, je lus, pour la première fois, dans les œuvres de Jean-Jacques Rousseau, sa lettre à l'archevêque de Paris, Christophe de Beaumont. Cette lettre, un chef-d'œuvre d'indignation contenue, et peut-être, le plus beau monument de style que nous ayons dans la langue française, débute ainsi :

Jean-Jacques Rousseau,
citoyen de Genève,

A Monseigneur Christophe de Beaumont, archevêque de Paris, duc de Saint-Cloud, pair de France, commandeur de l'ordre du Saint-Esprit, proviseur de Sorbonne, etc.

Quelle est donc la vertu de ce titre de citoyen, que Jean-Jacques Rousseau le préférât à tous les autres et le mît en opposition avec ces titres fastueux dont se parait si superbement l'archevêque ? Le sentiment qui l'inspirait était le même qui faisait dire aux Romains, du temps de la République : « Je suis citoyen romain » *(sum civis romanus)* ; c'était un sentiment de légitime orgueil : l'orgueil de l'homme qui a des droits en face de l'homme qui n'en a pas, l'orgueil de l'homme libre devant l'esclave.

On n'est citoyen que quand on est membre d'une cité, d'un état libre. On est citoyen dans une république ; on est sujet sous une monarchie. Or, *sujet*, cela veut dire *soumis, placé dessous* ; c'est l'état d'un homme qui est livré au caprice, au bon plaisir d'un autre ; c'est l'avilissement, c'est l'abjection.

Un peuple de sujets est à peine un peuple. Il lui manque ce qui fait les nations robustes, comme les individus : l'indépendance, la dignité.

La seule souveraineté légitime, la seule que des hommes dignes de ce nom puissent accepter, est la souveraineté de la loi. La loi ayant été consentie par tout le monde, il n'y a pas de honte à s'incliner devant elle, et l'on s'honore en lui obéissant.

Au temps de la Grèce antique, quand les Lacédémoniens, pour arrêter l'invasion du roi de Perse, coururent se faire massacrer au défilé des Thermopyles, on inscrivit sur leur tombeau : « Passant, va dire à Sparte que nous sommes morts ici pour *obéir aux lois*. » C'étaient des citoyens.

De notre temps encore, quand un Japonais a encouru la disgrâce de son souverain, il reçoit de lui l'ordre de s'ouvrir le ventre et l'exécute. C'est l'obéissance d'un sujet.

Nos pères furent *sujets* jusqu'en 1789 et l'on peut dire jusqu'au jour où sommée par un maître des cérémonies de se dissoudre, l'Assemblée nationale d'alors répondit, par la voix de Mirabeau : « Allez dire à *votre maître* que nous sommes ici par la volonté du peuple et que nous n'en sortirons que par la force des baïonnettes. » Les Français, ce jour-là, se créaient eux-mêmes citoyens, comme les Suisses devinrent libres, le jour où Guillaume Tell châtia l'insolence de Gessler.

C'est pour avoir tenté de ramener les Français à l'état de sujétion que Napoléon Ier mérita et prépara sa chûte. Lui-même, à Sainte-Hélène, le reconnaissait. « J'ai heurté les idées de mon siècle, disait-il, et j'ai tout perdu. »

Le mot de *sujet* est maintenant rayé de notre langue politique. Puisse-t-il l'être toujours ! et puissent tous les Français, comprenant la dignité de leur titre de *citoyens*, s'appliquer à pratiquer les devoirs qu'il impose comme à maintenir les droits qu'il confère !

CHAPITRE II.

—

Différentes formes de gouvernement.

Nous n'avons pas la prétention de refaire
le *Contrat social* et nous nous appliquons
seulement, dans ces entretiens, à suivre
l'ordre logique et naturel des idées, dans le
sujet que nous traitons. C'est ainsi qu'en
examinant la question de gouvernement,
nous n'aborderons pas la question théorique,
de savoir si la société humaine dérive d'un
contrat librement consenti ou si elle s'est
établie au contraire, tout spontanément, par
une conséquence toute naturelle de la nature
de l'homme.

Ce qu'il importe de savoir, c'est qu'il n'y
a pas de société possible sans gouvernement.
Les sauvages eux-mêmes en ont un, simple
comme leurs besoins et comme leurs idées.
Ici, c'est un chef accepté, parce qu'il est,
dans les luttes, le plus fort ou le plus habile;

là, c'est un conseil de *caciques* choisis par leur tribu parce qu'ils sont les plus vieux et qu'ils sont réputés les plus sages. — À plus forte raison, un gouvernement est-il chose aussi naturelle que nécessaire dans les nations civilisées, où le besoin d'ordre a de plus fortes assises et où les systèmes politiques se sont développés depuis plus de temps, suivant les besoins des pays et des races.

Un gouvernement peut être organisé de différentes façons, ou si l'on veut, il y a différentes sortes de gouvernement. Quand le pouvoir suprême est aux mains d'un seul homme, cela constitue la *monarchie,* et l'on donne au monarque le nom de *roi* ou d'*empereur.* Si l'autorité est aux mains d'une classe privilégiée de citoyens, cela forme une *aristocratie* qu'on appelle aussi *oligarchie,* c'est-à-dire « gouvernement de quelques-uns. » Enfin, si tous les citoyens ont leur part dans la souveraineté, et par exemple si tous sont électeurs et peuvent arriver aux emplois publics, c'est là le gouvernement populaire ou *démocratique* dont la forme la plus habituelle et, à coup sûr, la plus rationnelle est la République.

Ces diverses formes de gouvernement peuvent elles-mêmes se subdiviser et se combiner de plusieurs façons. C'est ainsi que la *monarchie* peut être ou *absolue* comme

en Russie, si le souverain est lui-même absolu, c’est-à-dire s’il peut tout faire sans
écouter autre chose que sa volonté ou son
caprice ; — ou *tempérée,* comme en Angleterre, quand il y a des lois, une constitution
auxquelles le monarque lui-même est obligé
d’obéir.

De même, une République peut être ou
aristocratique, comme étaient le plus souvent les républiques du Moyen-Age, ou démocratique, comme est, de nos jours, la
République française, et comme sont ses
sœurs la Confération suisse et les États-Unis
d’Amérique.

Une république aristocratique n’aurait
plus sa raison d’être aujourd’hui que, grâce
à la Révolution de 1789, tous les hommes se
sont reconnus égaux et libres. Aussi n’en
voit-on plus d’exemples, tandis que de toutes parts, au contraire, surgissent des républiques nouvelles, nées de l’idée démocratique, et puisant dans le droit populaire leur
légitimité.

De cette forme de République et des différentes formes de monarchie, voyons maintenant laquelle vaut le mieux.

CHAPITRE III

De l'hérédité monarchique.

J'ai vécu assez longtemps à la campagne pour connaître les paysans et je puis dire pour les aimer. Non que je m'abuse sur leurs défauts ni que je veuille jeter un voile sur leurs nombreuses erreurs politiques ; mais je crois que chez eux le fonds est bon et qu'ils ont péché plus souvent par ignorance que par mauvaise volonté. Même au plus mauvais temps de l'empire et des candidatures officielles, j'avais d'eux cette opinion qu'ils étaient républicains sans le savoir. Et, en effet, presque tous sont amoureux d'égalité, détestent les priviléges de l'ancien régime, acceptent les conquêtes de la Révolution ; presque tous veulent l'ordre dans l'Etat, les économies dans l'administration, de sages réformes dans les impôts, en un mot, tout ce qui fait le fond du programme républicain. — Aujourd'hui que le « nuage artificiel » dont on avait à dessein couvert leurs yeux, commence à se dissiper, ils voient clair dans leurs intérêts, et chaque jour amène, dans leurs rangs, de nouvelles conversions. Quant à moi, j'ai le ferme espoir que ces mêmes paysans qui, lors du plébiscite, apportaient en foule leurs votes aveugles à l'empire seront, dans quelque temps, les plus solides soutiens de la République. Ils ont payé assez cher et par une expérience assez douloureuse le droit d'être désormais des citoyens instruits, connaissant leurs devoirs et ne voulant plus retourner en servitude.

En 1869, quelques jours avant ce fatal plébiscite, j'eus avec un vigneron charentais, excellent homme, mais bonapartiste entêté, l'entretien dont voici les termes :

Jacques Brandeau, c'était le nom de mon vigneron, venait de me déclarer nettement qu'il voterait pour son empereur, qu'il ne connaissait que son empereur et qu'il était tout prêt à dire *oui* sur tout ce qui lui serait proposé par cet illustre empereur.

— Pardon, fis-je en l'interrompant, savez-vous ce que c'est que l'hérédité monarchique ?

— Nenni, mon cher monsieur, et je serais bien content que vous voulussiez me l'expliquer.

— Écoutez. Vous connaissez Jean Coindreau, le maire de la commune...

— Si je le connais, vous vous gaussez. Tout le monde le connaît à dix lieues à la ronde, et quand nous avons fait les élections municipales, il n'y en a que dix sur trois cents qui n'aient pas voté pour lui.

— Alors vous êtes content du choix ?

— Certainement ; le père Coindreau est toujours prêt à nous rendre service. Hier encore il s'est dérangé de son travail pour aller marier le grand Pierre avec la Louise Jallet. Il n'est point fier avec le pauvre monde ; les chemins sont bien entretenus et l'on dit qu'il a donné de sa bourse pour reconstruire le pont du bout de l'Aubrée qui s'était écroulé....

— A merveille ; alors vous n'êtes pas désireux de changer de maire.

— Ma foi non, tant que cela marchera bien et que nous serons contents de lui.

— D'accord ; mais pourtant si demain un accident lui survenait, si sa tête se détraquait, s'il refusait de marier les gars du village et s'il laissait les chemins pleins de fondrières, voudriez-vous le garder encore ?

— Non certes, et nous ne sommes pas, chez nous, tant embarrassés que cela de changer. Nous avons le gros Dumas, l'adjoint, qui peut faire, aussi bien que Coindreau, un maire convenable.... Et puis, voyez-vous : chez nous, monsieur, ce n'est pas le maire qui fait le travail, et tant que nous garderons notre maître d'école qui fait fonction de greffier à la mairie, les affaires de notre commune continueront toujours d'aller leur train....

— Je le sais ; mais enfin vous ne voudriez plus de Coindreau pour votre maire, s'il cessait tout à coup de bien administrer la commune.

— Bien sûr que non...

— Mais, que pensez-vous du fils de Coindreau, ce gentil garçon que j'ai vu se trémoussant comme un homme au bal de la Saint-Jean, à la dernière fête du village ? Ne pourrait-il pas, au cas que nous supposons, ou encore si Coindreau venait à mourir, tenir la place de son père et administrer comme lui la commune ?

— Y pensez-vous, Monsieur, un si jeune homme ! Ça n'a pas encore seize ans, et ça ne fait que commencer à courir après les filles. Vous nous croyez donc bien bêtes, nous autres paysans, de nous proposer un maire de cette sorte.... Et puis, qui sait, si le père est bon, le fils peut être mauvais. Ça arrive. Il faut avoir vu le postillon à l'œuvre et savoir comment il manie son fouet avant de lui confier la voiture. Voyez-vous, rien que votre idée me fait rire et je

2.

croirai toujours que vous voulez vous moquer de moi.

— Je ne me moque point, puisque ce que vous trouvez aujourd'hui si ridicule, vous allez le trouver sensé dans huit jours. Vous allez voter *oui* au plébiscite que Bonaparte vous propose et savez-vous ce que vous faites en votant ainsi? Vous vous engagez éternellement, pour vous et pour vos enfants, à garder Coindreau pour maire de votre commune , et après Coindreau son fils, et après son fils, son petit-fils, ceux-ci fussent-ils idiots ou crétins. Vous vous mettez aux pieds des entraves dont vous ne pourrez plus vous débarrasser, *légalement*, sans révolution. Voilà ce que c'est que l'hérédité monarchique et voilà à quoi vous allez souscrire, sans même vous douter de l'énormité de l'acte que vous allez accomplir.

L'Etat, en effet, n'est qu'une grande commune et ce qui vous paraît absurde quand il s'agit de l'administration de votre village doit vous paraître aussi absurde quand il s'agit de toute la France. J'ajoute que les intérêts engagés sont plus grands dans l'Etat que dans la commune. Si vous avez un mauvais maire et que vous ne puissiez pas le changer, vous ne risquez guère que vos écus, tandis qu'en vous livrant comme vous faites, à un homme et à sa dynastie, en accordant à cet homme et à ses enfants qui

viendront après lui, le droit de déclarer et de
faire les guerres, sans parler du reste, ce n'est
pas seulement votre argent que vous risquez
de perdre, c'est encore votre sang et le sang
de vos descendants que vous pouvez être un
jour appelé à sacrifier, pour de misérables
querelles.

Mon vigneron inclina la tête, comprenant
mes raisons et y adhérant. Je le quittai con-
verti. Ce qui ne l'empêcha pas, huit jours
après, de voter *oui*, avec les autres habitants de sa commune. Que voulez-vous ?
l'entraînement y était. Le tambour s'était
promené le matin dans le village, rassem-
blant les électeurs et les entraînant au
scrutin. On avait promené le drapeau de la
mairie et de toutes parts les gens criaient :
« Vive l'empereur ! à bas les rouges ! » A
la maison commune, le maire scrutait, d'un
œil menaçant, les bulletins, et par ma foi !
j'avoue, pour l'excuse de Jacques Brandeau,
qu'il n'eût pas fait bon pour lui qu'il votât
non et qu'on le sût. Il vota donc *oui*, comme
la masse.

Quand je le revis, un an après, mon
homme était républicain. Mon raisonnement
si malheureusement confirmé par les défaites de nos armées et par la chute de l'empire, avait pris corps dans son cerveau. Il
regrettait, comme la faute la plus grave de
sa vie, d'avoir écouté les meneurs du plébis-

cite et d'avoir donné à Napoléon III un pouvoir dont il devait faire un si mauvais usage. On ne m'y reprendra plus, disait-il ; et il me contait que la grande majorité des gens de son village ayant eu, comme lui, les yeux ouverts par la déclaration de guerre et par ses funestes conséquences, s'était attachée à la République ; que le maire Coindreau, resté bonapartiste, avait été remplacé et qu'enfin il n'y avait plus, avec l'ancien maire, que quelques mauvais drôles et quelques braillards sans aveu, qui osassent encore prendre parti pour l'homme de Sedan.

CHAPITRE IV.

—

Même sujet.

Il y a beaucoup de choses à dire encore
sur cette question de l'hérédité monarchique. Les légitimistes, autrement dit les
partisans d'Henri V, font de cette hérédité
des rois, une sorte de symbole religieux.
Les rois, d'après eux, ont été institués par
Dieu qui a choisi dans chaque peuple une
famille en qui réside, de tout temps, le droit
de commander et de gouverner les autres.
On peut remarquer, à ce propos, que le
choix a été souvent si mal fait qu'on est
bien impertinent de le mettre sur le compte
de Dieu. Mais il y a bien d'autres choses à
répondre à cette théorie du « droit divin »
des rois.

Si Dieu avait voulu nous faire gouverner,
de tout temps, par une même race de rois,
il est probable qu'il eût pris ses précautions
pour que nous eussions toujours, dans cette

race là, le meilleur de l'humanité ou, comme on dit, la fleur du panier. Mais il n'en est rien et quand nous passerons en revue la série des rois de France, nous verrons qu'ils ont tous été, pour ne prendre que ceux-là, méchants, ou bêtes, ou débauchés, ou fainéants, ou assassins, et quelquefois tout cela en même temps.

Puis, comment expliquer, si Dieu s'est mêlé de la chose, les usurpations sans nombre, les changements de dynastie, tous ces faits de conquêtes et de substitutions violentes dont l'histoire est pleine ? Chez nous encore, pour se placer au point de vue des partisans trop inconséquents du droit divin, le vrai roi *légitime* n'est pas Henri V, car le premier des Capétiens a été un usurpateur, mais le descendant quelconque et inconnu des rois Mérovingiens.

Si encore la Providence, cette Providence qu'on fait intervenir hors de tout propos dans nos querelles, avait décidé que les femmes seules, de mère en fille, gouverneraient les peuples, nous aurions des raisons pour croire à la transmission perpétuelle et légitime de ce sang royal qui crée une race au-dessus de nous. Mais ce sont les hommes qui règnent, et plus d'une tête royale a porté sur la tête autre chose qu'une couronne,

Et la garde qui veille aux barrières du Louvre
Ne défend pas nos rois

de certains ridicules auxquels leurs sujets sont exposés. Que devient, au milieu de tout cela, le sang royal ? Mais passons.

Nous avons parlé des femmes. Pourquoi le même droit divin qui leur défend de régner en France, leur permet-il de régner en Angleterre ? Ce qui est erreur en deçà du détroit est vérité au-delà, tant il est vrai que Dieu n'est pour rien dans toutes ces belles théories monarchiques qui n'ont pour fondement que les ambitions et les passions des hommes.

Mais nous regrettons presque de discuter si longtemps ces choses-là, tant elles sont absurdes et tant le nombre est petit des gens qui s'obstinent encore à les défendre sérieusement.

Ce que nous voulons dire, c'est que la royauté n'est qu'un reste des temps de barbarie, où le droit du plus fort était le meilleur, comme sa loi d'hérédité n'a plus sa raison d'être, depuis la suppression du droit d'aînesse de nos codes ; c'est enfin que le principe monarchique est contraire au sentiment d'égalité qui existe chez nous tous, nous faisant dire, en façon de proverbe : un homme en vaut un autre. On aura beau faire, nous ne croirons jamais, nous autres français, que les rois sont faits d'une autre pâte que le commun des hommes. Bien au contraire, ils sont souvent les plus mauvais de tous, parce qu'ils ont été élevés, dès l'enfance, à satisfaire tous leurs caprices, à mépriser les autres hommes, et qu'étant maîtres du pouvoir, ils ont plus de moyens qu'aucun, de donner pâture à leurs mauvaises passions.

On a pu avec juste titre appeler les rois les fléaux de l'humanité. C'est d'eux que nous viennent les guerres où des millions de gens s'entretuent sans savoir pourquoi ; ce sont eux, c'est leur esprit de résistance aux désirs des peuples, qui nécessitent les révolutions. Supprimons ces fléaux de l'humanité et nous supprimerons du même coup tous ceux qu'ils engendrent.

CHAPITRE V.

—

Revue des rois de France.

Pour confirmer ce que nous avons dit des rois et de leurs vices si souvent funestes à leurs sujets, nous allons passer en revue sommairement la liste des rois de France, depuis la branche des Valois seulement. C'est là un résumé instructif et qui rentre pleinement dans le cadre de nos entretiens :

Philippe de Valois commence la race, en vertu de la *loi salique* qui exclut les femmes du trône de France. Cette fameuse loi dont on fait remonter la source, sans aucune preuve sérieuse, aux institutions des Francs Saliens, attire sur la France la plus terrible guerre dont notre histoire fasse mention, la guerre de Cent ans. Le règne de Philippe VI commença la série de nos défaites. Philippe VI, piètre guerrier, n'était pas homme à les empêcher.

Jean *le bon*. Il convient de dire qu'à l'épo-

que où Jean reçut ce surnom, le mot *bon*
avait le sens de simple ou de benêt. Jean
était, en effet, d'une simplesse peu commune et comme guerrier, inférieur encore à
son père. Il perdit de nombreuses batailles
et acheva presque la ruine de la France.
Quant à sa *bonté,* dans le sens actuel du mot,
on en donne cet exemple : Les Normands
ayant pris parti contre lui, Jean fit un jour
inviter par son fils, plusieurs seigneurs
normands à un repas *amical.* Sur la fin du
banquet, il entra suivi de ses gardes, et fit
pendre ou incarcérer les conviés surpris.
D'ailleurs, prince très-galant, car ayant été
fait prisonnier des Anglais et sa rançon
payée, il se reconstitua prisonnier volon-
taire, quittant son royaume pour les beaux
yeux d'une dame anglaise qui lui avait tou-
ché le cœur.

Charles V, dit *le sage.* Il ne justifia à peu
près son surnom que sur la fin de sa vie; car
sa jeunesse fut celle d'un brouillon et d'un
révolté. L'honneur des quelques succès et
des quelques bonnes mesures de son règne
revient en grande partie à des conseillers
bourgeois dont il s'entourait et que les no-
bles de la cour appelaient dédaigneusement
Marmousets.

Charles VI. Ce fameux principe de l'hérédité monarchique nous donne ici le specta-
cle d'un roi *fou* sur le trône de France.

Charles VI était en effet fou, fou à lier. Sous un pareil souverain, les affaires du pays, comme on peut penser, ne firent qu'empirer. La France fut démembrée, Paris mis aux mains des Anglais et le roi d'Angleterre installé et sacré, comme roi de France.

Charles VII. La France étant dans cette calamité, fut sauvée par l'intervention d'une simple bergère, d'une fille du peuple, de Jeanne Darc. Jeanne Darc, excitant les courages, soufflant le patriotisme, reconquit le pays sur l'anglais. Charles VII n'eut qu'à regarder faire. Il est vrai de dire que quand Jeanne Darc fut prise et brûlée vive par les Anglais, Charles VII ne fit rien pour empêcher cette abomination. La reconnaissance n'a jamais été vertu de roi.

Louis XI.— Ce prince est resté dans l'histoire avec un renom de cruauté et de perfidie que ne suffit point à effacer le souvenir des services très réels qu'il a rendus à la cause de l'unité française. Etant encore dauphin, il s'associe à une révolte des seigneurs contre l'autorité du roi son père. Plus tard, devenu roi, il châtiera ces mêmes révoltes des plus barbares supplices. Le poison même est pour lui un moyen de règne. Il fait emprisonner le cardinal La Balue dans une cage de fer. On connaît sa sombre et sanguinaire agonie au château de Plessis-lès-Tours, où il se livre, entre son médecin et son barbier, aux pratiques de la plus superstitieuse dévotion.

Charles VIII, prince faible à la fois d'esprit et de corps, dont l'éducation a été à dessein négligée par Louis XI, sacrifie des provinces françaises, pour tenter une expédition en Italie et dans le royaume de Naples, où il échoue misérablement.

Louis XII, un des rois les moins mauvais qu'ait eus la France, paternel et débonnaire, mais assez mauvais politique ; continue, sans plus de succès que son prédécesseur, les expéditions en Italie et appauvrit le trésor au point d'être obligé, pour le remplir, de vendre des offices de juges.

François Ier, débauché et cruel, souille son règne par le massacre des Vaudois, soutient des guerres le plus souvent désastreuses. Les lettres et les arts qui prennent, à ce moment, un nouvel essor, ont jeté sur sa mémoire un certain vernis, bien immérité. L'histoire devrait être pour lui plus sévère.

Henri II a tous les défauts de son père sans une seule de ses qualités. François II n'a pas d'histoire et quant à Charles IX et à Henri III, leur histoire peut s'écrire en lettres de sang et de boue. Le massacre de la St-Barthélemy, les trahisons, les assassinats, une cour corrompue, la guerre civile troublant tout le royaume, voilà le tableau de ces deux règnes.

Nous arrivons à la maison de Bourbon. En dépit de son *droit héréditaire*, Henri IV, protestant, est obligé de conquérir *sa* couronne, contre les catholiques ligués avec les Espagnols, à la pointe à l'épée. Même il n'entre dans Paris qu'après avoir abjuré sa religion. Voici déjà que les sujets se permettent de faire des conditions aux princes. — Sur le trône, Henri IV se montra politique habile et son règne fut un règne réparateur. Mais ses mœurs privées étaient très relâchées, et ses galanteries furent plus d'une fois scandaleuses. Tant il est vrai qu'il est difficile de trouver un roi que l'usage de la souveraine puissance n'ait pas corrompu de façon ou d'autre.

Louis XIII, prince faible et sans volonté ; sorte de roi fainéant avec le cardinal de Richelieu pour maire du palais.

Louis XIV, dont on a beaucoup surfait la gloire, et qu'on a appelé *Grand* par pure flatterie. Il n'eut que la peine de naître dans un siècle qui abondait déjà en grands écrivains, en grands généraux et en grands ministres. Quand ces grands hommes furent morts, tout l'éclat de son règne disparut et la fin de ce règne est une des plus tristes périodes de l'histoire de France. Personnellement, Louis XIV ne fut qu'un ignorant, qu'un despote et qu'un débauché.

Louis XV. Que dire de celui-ci, qui donna

toute sa vie l'exemple des plus basses passions et de la crapule la plus éhontée? Louis XV fit de la royauté une sentine. Jetons une feuille de vigne sur ce règne et n'en parlons pas.

Louis XVI, roi débonnaire et sans consistance, incapable d'empêcher la Révolution que les abus de l'ancien régime et les hontes de la royauté avaient rendue nécessaire. Il eût fait un bon horloger, ayant du goût pour ce métier, mais il était complètement incapable de tenir le rang suprême. L'histoire de son règne et de sa chûte le prouve suffisamment.

Faut-il continuer cette énumération et dire ce que nous pensons des Napoléon, des Louis XVIII, des Charles X, des Louis-Philippe, des Napoléon III. A quoi bon? Ils ne valaient ni plus ni moins que les rois dont nons venons de faire l'énumération, et d'ailleurs ils sont tous tombés les uns après les autres, à la suite des fautes qu'ils avaient commises.

CHAPITRE VI.

—

Deux Républiques.

Il ne faut pas que les rois nous fassent oublier les citoyens. Tandis que la France, agitée par les manœuvres et par les tentatives des monarchistes, proie cherchée par l'avidité des prétendants, a tant de peine à fonder chez elle un gouvernement durable, — nous assistons au développement pacifique et sûr des institutions libres, dans deux pays qui sont depuis longtemps organisés en République.

Une de ces Républiques est à côté de nous, c'est la République helvétique. On sait l'histoire de sa fondation ; elle remonte à plus de cinq cents ans en arrière.

A cette époque, les suisses étaient soumis au joug de la dynastie des Hapsbourg, dont les descendants sont aujourd'hui les empereurs d'Autriche. Une sorte de tyran soupçonneux et cruel, Gessler, exerçait au nom de l'empire, la souveraineté sur leurs cantons. Infatué de son pouvoir, il fît un jour hisser son chapeau sur une place publique de la petite ville d'Uri, ordonnant que tous les passants saluassent ce chapeau. Pour avoir enfreint cet ordre stupide, un archer suisse, Guillaume Tell, est condamné par le tyran à abattre, avec son arc, une pomme placée sur la tête de son fils. Il obéit, mais ce coup de flèche est le signal de l'insurrection des cantons suisses, qui forment une ligue pour la défense de leur indépendance. Les autrichiens sont chassés et Gessler est tué. D'autres cantons s'unissent aux premiers cantons délivrés, et depuis ce temps, la Confédération Suisse est fondée. Depuis ce temps aussi, ce petit peuple, heureux, sage, respecté, vit en paix avec ses voisins, et n'a jamais connu ni troubles, ni guerres, ni révolutions. Point de monarque ambitieux, point de cour corrompue, point de liste civile qui dépense l'argent du peuple. Le président du conseil fédéral, qui est le premier magistrat de la nation, a croyons-nous, un traitement de 12,000 francs (*). Heureux peuple, qui peut servir de modèle à tous les autres et qui réalise pour son compte ce rêve humanitaire de l'abbé de

(*) On sait que l'ex-empereur touchait annuellement 25 millions de francs sans compter le *tour de bâton.*

St-Pierre, le rêve de la paix perpétuelle !

La Suisse est un petit pays et ce n'est pas sur les petits qu'on aime à prendre exemple. Mais si nous passons l'Atlantique, nous trouvons là une grande République dont le territoire est presque aussi vaste que celui de toute l'Europe et qui se gouverne, depuis cent ans qu'elle existe, avec une sagesse et une régularité qui en ont fait la nation la plus prospère et la plus puissante du monde. La déclaration d'indépendance des États-Unis date de 1776, et sauf la lutte récente pour l'abolition de l'esclavage, jamais ni révolution ni guerre n'ont souillé ce noble sol. Là, toutes les libertés sont arrivées à leur plus complet épanouissement, sans offrir aucun des dangers dont un fol esprit de terreur les voit environnées chez nous. L'usage empêche l'abus, et comme on voit en France que les provinces où se rencontrent le plus d'ivrognes sont celles dont les habitants ont le moins de vin à leur disposition, — ainsi l'on peut dire que les peuples qui ont le plus à craindre les excès de la liberté sont ceux qui en ont été le plus longtemps privés. Les Américains sont préservés de ce danger. La liberté chez eux est comme l'air qu'on respire, une chose toute simple et toute naturelle dont personne ne songe à s'effrayer ni à mésuser. Quand en sera-t-il de même en France? Quand pourrons-nous aussi, comme aux Etats-Unis, consacrer 300 millions au budget de l'instruction publique et 50 millions seulement au budget de la guerre? C'est tout le contraire qui se passe chez nous, mais aussi depuis quatre-vingts ans, nous avons déjà passé par huit ou dix alternatives de république et de monarchies, tandis que l'Amérique s'en est tenue à la République et s'en est toujours bien trouvée.

CHAPITRE VII.

De la souveraineté du peuple et de sa délégation.

Le mot République vient de deux mots latins, *res publica*, chose publique. C'est donc proprement le gouvernement de la chose publique, et ce sens étant complété par l'idée de démocratie dont elle est, comme nous l'avons expliqué, désormais inséparable, la République peut se définir : le gouvernement de tous par tous ou du pays par le pays.

Sa base naturelle est le suffrage universel.

Tous les hommes naissant avec des droits égaux, dont on ne peut les dépouiller sans injustice et tous participant aux charges de la chose publique, il est juste qu'ils aient leur part ou du moins leur droit de contrôle dans son administration. Il n'y a pas, en effet, d'autre souveraineté légitime que celle du peuple, et par le peuple, nous entendons l'universalité des citoyens d'un même Etat. Cette souveraineté se divise théoriquement en autant de parties qu'il y a de citoyens, en sorte que dans un pays qui renferme, comme la France, dix millions d'électeurs, chaque électeur exerce la dix-millionième parcelle de la souveraineté.

Dans les Républiques antiques, comme celles d'Athènes ou de Rome, le nombre des citoyens étant relativement restreint, cette souveraineté s'exerçait directement, c'est-à-dire que tous les citoyens prenaient part aux votes des lois, qui se discutaient en pleine place publique, sur l'*agora* ou le *forum*. D'ailleurs la culture des terres et les soins du commerce étant abandonnés aux esclaves, les citoyens avaient tout leur temps pour s'occuper des affaires publiques et se prononcer sur les questions qui intéressaient la cité. — Dans nos sociétés modernes, les intérêts privés sont trop absorbants et le nombre des citoyens est trop grand pour que tous puissent exercer ainsi d'une façon efficace et constante, leur droit de souveraineté. C'est ainsi que s'est présentée la nécessité d'une délégation qui, pour ne pas usurper sur les droits imprescriptibles du souverain, doit n'être que temporaire et doit être aussi parfaitement limitée et définie.

Reprenons, pour mieux l'élucider, toute

cette théorie. Le peuple est dans la situation d'un grand commerçant que ses intérêts de famille empêcheraient de diriger lui-même ses affaires ou son négoce. Que fait-il? il choisit, parmi les plus capables et les plus honnêtes, un ou plusieurs gérants qu'il charge de l'administration et de la direction de ses biens, — tout en se réservant le droit de les casser aux gages et de les remplacer, s'ils ont mal géré ses affaires ou simplement s'ils ont perdu sa confiance. De même qu'on ne comprendrait pas ce commerçant s'il s'engageait à garder toujours le même administrateur et s'il s'enchaînait lui-même en abandonnant à cet administrateur de pleins pouvoirs et pour tout jamais, — ainsi l'on ne peut juger trop sévèrement la conduite des peuples qui se livrent, comme avait fait la France en 1851, pieds et poings liés à un seul homme, lui donnant le droit de commander, quand il ne devrait qu'obéir.

C'est pour cela que nous avons dit que le suffrage universel ne devait, à moins d'une lâche abdication, confier à ses délégués ou représentants, que des pouvoirs limités et temporaires.

Ces pouvoirs seront limités : c'est-à-dire que les députés, chargés d'agir et de légiférer au nom du pays, ne pourront, une fois nommés, étendre ou fausser leur mandat, non plus qu'agir contrairement à la

volonté clairement exprimée de leurs com-
mettants. Ils seront temporaires, c'est-à-dire
que d'époque en époque (et ces périodes
doivent être le moins longues possible) les
mandataires ou élus viendront remettre leur
autorité aux mains de leurs électeurs ou
mandants ; ils leur rendront compte de ce
qu'ils ont fait et seront examinés et jugés
conformément à leurs œuvres. Si l'électeur
est content de son député, il lui confirmera
de nouveau, pour une même période, le
mandat qu'on lui rapporte ; sinon, non. Les
choses iront ainsi, dans leur ordre, et le
peuple souverain instruit à bien choisir ses
délégués, les délégués eux-mêmes intéressés
pour leur propre honneur et pour le soin de
leur réélection, à satisfaire leurs électeurs,
la chose publique sera bien conduite, et notre gouvernement démocratique fonction-
nera dans des conditions parfaitement ré-
gulières, pour le mieux des intérêts généraux
de la communauté.

CHAPITRE VIII.

—

Intégrité du suffrage universel. — Liberté des élections.

Au temps où l'Espagne avait la foi monarchique, il y avait un proverbe que tout bon espagnol devait savoir et répéter : « Ne touchez pas à la reine. » En France, nous n'avons plus, heureusement, ni reines ni rois ; nous nous gouvernons, au moins en théorie, sur les données du principe démocratique : l'égalité des citoyens entre eux et la participation de tous au gouvernement du pays. Notre dicton à nous, ce doit être : « Ne touchez pas au suffrage universel. »

Oui, malheur à qui toucherait au droit de suffrage pour tous ! Si la royauté de Louis-Philippe est tombée, c'est parce qu'elle avait voulu maintenir le *cens*, c'est-à-dire le droit de voter donné aux seuls plus imposés, aux bourgeois. — La première Révolution avait fait des hommes de ces millions de paysans et d'ouvriers qui n'étaient auparavant que les serfs et les hommes-liges des seigneurs. La seconde République fit de ces mêmes hommes des citoyens, en décrétant qu'au jour du scrutin, ils seraient les égaux de leurs maîtres. Si cette seconde République a succombé, c'est parce que les représentants du peuple, choisis en 1849 pour la diriger, voulurent attenter au suffrage universel et le restreindre. Le deuxième Bonaparte, celui qui fut depuis Napoléon III, sut profiter de l'occasion ; il se rendit populaire en se posant en défenseur du suffrage universel menacé, et fit son coup d'Etat de décembre sur cette supercherie. Hélas ! nous avons payé trop cher les erreurs de cette époque, pour qu'on puisse, honnêtement, les recommencer aujourd'hui !

On pourrait, à la rigueur, comprendre qu'on éloignât du scrutin public les ignorants, ceux qui ne sachant ni lire ni écrire, déposent dans l'urne un vote qu'il est possible de falsifier et dont, le plus souvent, ils ne savent pas la portée. Mais qu'on élimine du suffrage des hommes instruits et intelligents, par ce seul fait qu'ils n'ont pas trois ans de domicile dans une même commune ou qu'ils ne sont pas inscrits aux rôles de la propriété foncière et mobilière, cela ne saurait s'admettre et ne peut se justifier. Ce qu'on atteindrait, par cette mesure, c'est toute la classe des professions qui comportent des déplacements : c'est la majeure partie des ouvriers ; ce sont aussi les professeurs, les fonctionnaires, les gens qui prennent leur retraite, tous ceux que les exigences de leur service ou les intérêts de leur métier amènent à changer de résidence. Décréter cela, ce ne serait plus amender le suffrage universel, ce serait le restreindre et le supprimer.

Il faut que le suffrage universel reste intact ; il faut aussi qu'il soit toujours libre. Nous l'avons dit, les délégués, les députés ne doivent être que les mandataires du peuple, les porte-voix de leurs mandants. Comment pourront-ils connaître et faire respecter la volonté de leurs électeurs, si ces électeurs eux-mêmes ont eu la main forcée ou conduite, si les votes n'ont pas été libres et si les choix ont été imposés ?

Nous avons assisté, pendant les vingt années du second empire, au scandale des candidatures officielles. Au lieu de prendre l'avis des électeurs, le gouvernement leur imposait le sien. Il triait sur le volet des hommes faits pour ce métier, dont toute la science était dans les courbettes, qui ne savaient que dire oui à tout ce que voulaient l'empereur et ses ministres. Quand on avait trouvé ces hommes, et ce n'étaient pas les plus moraux ni les plus instruits qui se présentaient, — un préfet à poigne les présentait aux populations en disant : « Votez pour ceux-là. Ils conviennent à votre intelligence et sont les plus propres à faire vos affaires, c'est à dire qu'ils feront les nôtres et, quand ils ne nous conviendront plus, nous les briserons. Tous les autres, ceux qui s'adressent directement à vous et se passent de notre appui pour solliciter vos suffrages, sont des révolutionnaires, des gueux, des misérables, des partageux. Allez ! bons électeurs, et votez pour nos candidats. » Le peuple, mal éclairé, se laissait tromper à ce beau langage et, lui qui devait parler en maître, il votait, sans y réfléchir, pour les valets de ses oppresseurs. Aussi, qu'a produit ce beau régime ? Il nous a donné l'abaissement, la honte, la corruption. Bonaparte avait dit : « L'empire c'est la paix. » Grâce aux candidatures officielles, nous avons eu la guerre de Crimée qui n'a produit aucun résultat, la guerre d'Italie qui a créé, à nos portes, une puissance unie qui peut être, un jour, une ennemie redoutable ; les guerres de Chine et de Cochinchine, vaine parade faite au loin pour la défense des intérêts des missionnaires, dont nous n'avons que faire, même chez nous ; la guerre du Mexique, dont on sait la fin , enfin la guerre contre la Prusse, dont la suite lamentable se fera sentir dans notre pauvre pays, bien longtemps.

Voilà ce que nous ont donné les candidatures officielles. C'est par cette fatale série d'épreuves, — et nous ne comptons pas, dans le nombre, la perte de nos plus précieuses libertés, — que nous avons pu acquérir l'expérience et la pratique sérieuse de notre droit de suffrage. Qu'au moins ces épreuves nous servent et que, plus instruit désormais, le peuple français soit résolu à maintenir, en même temps que l'intégrité de son droit, l'intelligente liberté de ses votes !

CHAPITRE IX

—

De l'organisation des pouvoirs publics et spécialement du pouvoir législatif.

L'auteur de l'*Esprit des lois*, Montesquieu, distingue trois sortes de pouvoirs, le législatif, l'exécutif et le judiciaire, le premier faisant les lois, le second chargé de leur exécution, le troisième se prononçant sur leur application et chargé plus spécialement de veiller aux garanties des citoyens.

Cette division qui procède des idées anglaises a sa raison d'être et nous pouvons l'accepter. Faisons toutefois cette remarque qu'elle est de pure forme et qu'il ne doit y avoir, en réalité, qu'un seul pouvoir, d'où procèdent tous les autres, le pouvoir souverain du peuple, se gouvernant lui-même, directement comme dans les républiques antiques, ou par des mandataires

comme dans nos démocraties contempo-
raines, mais présidant lui-même et lui seul
au fonctionnement de tout le mécanisme
politique.

Ce principe posé, nous allons en étudier
les applications.

Nous nous sommes expliqué sur le suffrage universel, sur sa raison d'être, sur sa
nature, sur les conditions qui lui sont propres, et nous avons indiqué, commme les
deux premières de ces conditions, l'intégrité et l'indépendance.

Si la France, au lieu d'être un Etat de
quarante millions d'habitants, ne comptait
que deux mille à trois mille citoyens, son
organisation politique serait facile. Le peuple pourrait être lui-même son propre lé-
gislateur et, dans ses assemblées générales,
en pleine place publique, comme autrefois
en Grèce, sur l'*agora*, il pourrait règler les
intérêts de la chose publique, établir son
budget, choisir ses généraux et ses édiles,
traiter de la paix et de la guerre avec les
nations voisines, etc.

Assurément, il serait difficile de trouver
un système politique plus simple, mais cette
simplicité même le rend inapplicable de nos
jours. On n'imagine pas, en effet, un peuple de dix millions d'hommes occupés tous
ensemble et en un seul jour, à élaborer des
lois et à discuter, par le menu, les termes

d'une convention. Il est de toute nécessité d'employer ici des délégués et de leur confier les pouvoirs nécessaires pour légiférer au nom du peuple. C'est au peuple à exiger de ses représentants la garantie que ceux-ci seront, en toute occasion, les défenseurs de ses volontés et les interprètes de ses besoins. Où prendre cette garantie? La Convention de 1792 avait établi que ses lois d'intérêt général seraient soumises à l'assentiment des assemblées primaires, composées des citoyens de toutes les communes de France. C'était un moyen, excellent en logique, discutable quant à l'application. De notre temps, on a imaginé la théorie du mandat « impératif, » parfaitement juste en supposant la masse des citoyens instruite, capable de rédiger un programme politique et d'en surveiller l'application. Mais, outre que cette condition manque généralement, il faudrait au mandat impératif, tel qu'on veut l'établir, un règlement et une sanction qu'on sera probablement longtemps encore à trouver, autant du moins que le suffrage universel sera embarrassé de lisières. Et puis, il n'est pas d'engagements, si solennels qu'ils soient, qu'un malhonnête homme ne puisse violer. Concluons qu'il faudra nous en rapporter, probablement pendant longtemps encore, à la seule honnêteté des hommes que nous chargerons de nous représenter.

Quelques questions se posent à l'esprit, à propos de la constitution et des relations des trois pouvoirs que nous avons distingués, d'après Montesquieu.

Le pouvoir législatif doit-il être divisé ? Autrement dit, doit-il y avoir deux chambres, l'une procédant seulement du suffrage universel, l'autre nommée par un groupe particulier d'électeurs, suivant des modes plus ou moins fantaisistes ? — Nous sommes partisan d'une assemblée unique, contre cette théorie des deux chambres qu'on ne peut appuyer sur aucun principe et dont l'application, en France surtout, serait la source d'une foule de conflits. On aura beau faire, l'autorité et la popularité seront toujours avec la Chambre des représentants contre la Chambre haute et le pays n'acceptera jamais que difficilement une combinaison constitutionnelle qui permettrait aux membres de cette seconde chambre d'empêcher ou d'arrêter l'effet des volontés de ses députés.

De combien de membres doit être composée l'Assemblée unique ? Question secondaire, mais qui a pourtant son importance. Plus une chambre sera nombreuse et moins les prétendants, les ambitieux et les aspirants à la dictature auront de chances de succès. Il est plus difficile de corrompre cinq cents personnes que deux cents.

Aussi ne voudrions-nous pas qu'on descendît jamais au-dessous de ce nombre. Le chiffre de 750, chiffre actuel de notre Assemblée, nous paraît parfaitement convenable, et il est à désirer qu'on ne le change pas.

Les députés du pays, doivent-ils, ou non, toucher une indemnité, du fait de leurs fonctions ? Nous disons oui. Si les fonctions de représentant étaient gratuites, les riches seuls pourraient se permettre le luxe d'accepter des candidatures ; les pauvres seraient exclus. — Mais dira-t-on, quatre-vingt-dix-neuf députés sur cent sont des riches qui n'auraient pas besoin des dix ou quinze mille francs qu'on leur donne. — C'est trop vrai, et ce n'est pas une des plus grandes preuves d'intelligence que donne là le suffrage universel. Mais enfin ne vous plaignez pas, si la loi, prévoyant le cas où les électeurs voudraient porter leurs suffrages sur d'autres que des hobereaux ou des bourgeois enrichis, vous en donne la faculté.

CHAPITRE X.

—

Du pouvoir exécutif.

De même que le pouvoir législatif ne doit être que le délégué et le serviteur de la nation, dont il est chargé de convertir les volontés en lois, — ainsi le pouvoir exécutif, comme son nom l'indique assez, doit n'avoir d'autre tâche et d'autre droit que de faire exécuter les lois consenties par l'Assemblée législative. Il doit être un agent et rien de plus. Son autorité, tout en restant distincte, doit être subordonnée. S'il vient à s'insurger contre la volonté souveraine de l'Assemblée dont il tient son mandat, il commet un coup d'Etat, c'est-à-dire un crime, et l'on peut répéter à ce propos le mot que le chancelier de L'Hôpital appliquait aux Guises, mot plus vrai encore quand il s'agit de l'ordre de choses démocratique : « C'est grand'pitié, quand le valet chasse le maître. »

Ce crime-là, nous l'avons, pour notre malheur, vu se répéter plus d'une fois dans notre histoire, et deux fois par deux misérables de la même famille. Au 18 brumaire, an VIII, c'est Bonaparte, général en chef de l'armée d'Italie et de l'armée d'Egypte qui, sans autre mandat que celui de son caprice, sans autre excuse que celle de son ambition, jette par les fenêtres les représentants du peuple, siégeant au Conseil des Cinq Cents, fait arrêter les membres du Directoire, dépositaires du pouvoir exécutif, et se fait proclamer premier consul, avec tous les pouvoirs en ses mains, par un cénacle de complaisants. — Au 2 décembre 1851, le neveu du *grand homme*, Louis-Napoléon, chargé de la présidence de la République, sous le contrôle de l'Assemblée nationale, fait arrêter dans leur lit, emprisonner, déporter les membres inviolables de cette Assemblée, en même temps qu'il fait massacrer sur les boulevards une foule inoffensive d'hommes, d'enfants, de femmes, dans le seul but d'organiser la terreur autour de son crime. Les pouvoirs qui s'établissent ainsi sont marqués, dès leur origine, d'un sceau fatal. C'est le devoir de tous les honnêtes gens de leur désobéir, comme de courir sus à ceux qui les commettent.

Ainsi, le pouvoir exécutif doit se renfermer toujours, au regard du législatif, dans son rôle de premier serviteur et de premier agent. Maintenant, qu'il ait un droit d'initiative ; qu'il fasse préparer, avec le concours d'un conseil d'Etat composé d'hommes spéciaux, des lois qui seront soumises à l'examen et au vote de l'Assemblée des représentants, nous n'y voyons pas d'inconvénients, et nous comprenons que l'attribution à lui faite de ce droit puisse aider à la bonne administration de la chose publique.

— Laissera-t-on de même au pouvoir exécutif la complète disposition des forces de terre et de mer, ainsi que la direction exclusive de l'immense armée des fonctionnaires de tout ordre et de tout degré? Les dangers sont là plus sensibles, et, pour notre part, sans vouloir enlever au pouvoir exécutif les éléments naturels de son action, nous voudrions qu'on le mît au moins, par un contrôle tout particulier, dans l'impossibilité d'en abuser et de faire servir ces forces immenses à l'établissement d'une dictature.

Ici se présente tout naturellement la question de savoir comment sera nommé le pouvoir exécutif et de quelle façon il sera composé.

Sera-t-il élu directement par le peuple tout entier, on ne tiendra-t-il ses pouvoirs que du choix fait par l'Assemblée nationale? Entre ces deux modes, nous nous prononçons énergiquement pour le second. D'abord, par la raison que nous avons donnée, que le pouvoir exécutif doit être le subordonné du pouvoir législatif, subordonné lui-même du pays. Ensuite parce que nous avons fait une trop cruelle expérience du premier système et de ses dangers, pour que nous soyons, de longtemps, tentés de recommencer. C'est en effet dans l'espèce de consécration populaire qu'il avait reçue du suffrage universel au 10 décembre 1848, que Louis-Napoléon Bonaparte a puisé la force et les moyens d'accomplir, trois ans après, son tragique coup d'Etat. Supposez au contraire qu'il n'eût tenu, comme le demandait alors le clairvoyant M. Grévy, son pouvoir que de l'Assemblée, ainsi que l'ont eu de nos jours M. Thiers et le maréchal Mac-Mahon, son autorité, tout aussi grande pour le bien, eût été plus impuissante pour le mal, et vraisemblablement il n'eût jamais songé à accomplir son attentat. En France, dans ce malheureux pays, si longtemps la proie de la tyrannie et si mal préparé à la liberté par tant de siècles de pouvoir absolu, — si nous avons à nous préserver du despotisme des Assemblées, nous avons plus encore à craindre les entreprises des prétendants et des ambitieux, et c'est pour cela qu'il ne faut pas constituer de pouvoir assez fort pour mettre, à une heure donnée, tous les autres pouvoirs et toutes les libertés du pays en péril.

Par ces mêmes considérations, au lieu de donner, comme il se fait aujourd'hui, toutes les attributions de l'exécutif à un seul homme, décoré du nom de président de la République, nous inclinerions presque à l'idée d'un Directoire ou d'un comité exécutif, composé des ministres en accord avec l'Assemblée, lesquels choisiraient parmi eux un président du Conseil, dont la suprématie serait tout honoraire et ne tiendrait pas devant un vote de défiance du pouvoir législatif. On pourrait intervertir quelque peu les rôles et supposer l'Assemblée nommant un chef du pouvoir exécutif, avec faculté de former lui-même son ministère et d'en prendre la présidence, ainsi que cela avait eu lieu, à Bordeaux, après le 8 février, et qu'il se pratique, à l'heure où nous écrivons, en Espagne. En théorie, cette solution nous paraît la meilleure. Suivant les circonstances, une autre peut être rendue nécessaire, et nous nous souvenons d'avoir applaudi quand le titre de chef du pouvoir exécutif a été changé, pour M. Thiers, en celui de président de la République ; mais c'était pour une raison toute de politique et parce que nous voyions, dans l'adoption de ce nouveau titre, une sorte de reconnaissance implicite de ce que nous aimons de toute notre âme : la République française. Mais nous raisonnons ici, dans ce Manuel, dans l'hypothèse d'une République définitivement proclamée et mise hors de l'atteinte de tous les partis hostiles.

Les ministres, agents suprêmes du pouvoir exécutif, doivent avoir le droit de choisir, parmi les meilleurs, les fonctionnaires qui doivent représenter le gouvernement et particulièrement les secrétaires généraux, les préfets et les sous-préfets ; bien entendu, sous le contrôle souverain de l'Assemblée législative. Quant aux autres fonctions moins politiques qu'administratives, tout en laissant aux ministres compétents, dans une certaine mesure, le droit de nomination et de révocation, nous voudrions que les places fussent données au concours et leurs titulaires mis à l'abri des destitutions arbitraires et des remplacements dus à la seule faveur.

CHAPITRE XI.

Du pouvoir judiciaire.

Nous avons traité du pouvoir législatif et du pouvoir exécutif ; nous voulons parler aussi du judiciaire.

Répétons, en tête de ce chapitre, ce que nous avons dit déjà : A savoir que, malgré la classification tripartite adoptée par Montesquieu, il n'y a, en réalité, qu'un seul pouvoir, comme il n'y a qu'une seule souveraineté : celle du peuple. En dehors de cette vérité fondamentale, tout est incertitude, système, confusion.

Le peuple étant souverain, la Justice comme la Loi doit émaner du peuple, tel est le principe. Sous l'ancien régime, le roi étant le souverain, le roi était aussi le juge. La charte de la Restauration disait encore : « Toute justice émane du roi ; elle » s'administre en son nom par des juges » qu'il nomme et qu'il institue. » Cette doctrine était simple, comme la doctrine toute contraire, que nous enseignons. Les théoriciens qui ont voulu créer des distinctions, tantôt disant que le pouvoir judiciaire doit être éminemment distinct des deux autres, tantôt imaginant que le pouvoir exécutif doit se diviser en deux ou trois branches, dont une serait l'administration de la justice, — ces théoriciens, disons-nous, ont erré, faute de reconnaître que le droit de rendre la justice est un attribut essentiel de la souveraineté, et ne saurait en être séparé.

La Révolution de 89, qui vit clair dans toutes ces questions, donna au peuple le droit de justice, en lui conférant l'élection des juges.

« Le pouvoir judiciaire est délégué à des juges élus à temps par le peuple (*Constitution de* 1791 — Titre III, art. 5).

» La justice sera rendue gratuitement par des juges élus à temps par le peuple et institués par lettres-patentes du roi, qui ne pourra les refuser.

» L'accusateur public sera nommé par le peuple (*Id.* chap. v, art. 2). »

La constitution de 1793 et celle de l'an III maintinrent toutes deux les principes de la gratuité de la justice, de l'élection et de la révocabilité des juges. Le changement date du Consulat. Bonaparte voulut organiser les tribunaux sur le même pied que son armée. « Il s'empara de la nomination des juges, comme de la nomination des officiers. Il promit aux uns et aux autres qu'une fois parvenus au premier grade, ils ne seraient pas arbitrairement destitués. Il ouvrit aux juges comme aux officiers la carrière des honneurs et de la fortune, et se réserva la faculté d'accélérer, de ralentir ou d'arrêter leur marche dans cette carrière, selon qu'ils se montreraient plus ou moins dévoués à sa cause (*). »

Ainsi, la magistrature qui, sous la Révolution, était élective, temporaire, amovible, n'est plus rien de tout cela. La nomination des juges appartient, depuis le Consulat, au pouvoir exécutif, qui s'est interdit le droit de les révoquer ou de les destituer arbitrairement. Cette inamovibilité de la magistrature a été célébrée comme une garantie parfaite de son indépendance ; mais cette garantie disparaît quand on réfléchit que, s'il n'est pas maître de la destitution, le pouvoir exécutif est maître de l'avancement et qu'il tient ainsi les juges dans sa main par toutes les perspectives chatoyantes de vanité, de distinction et d'amour-propre qu'il leur peut offrir. Cet état de choses

______

(*) Charles Comte, *Considérations sur le pouvoir judiciaire*, page 27.

constitue une dépendance réelle du judiciaire à l'égard de l'exécutif, et la magistrature n'est pas assez nombreuse, en France, pour que cette dépendance n'engendre des abus graves.

Ajoutons à cela que le traitement des magistrats est tellement exigu qu'à moins d'avoir déjà quelque fortune patrimoniale, l'accès de cette carrière est interdit au plus grand nombre de nos jeunes avocats. Il résulte d'un tableau que nous avons sous les yeux que le traitement des juges, en province du moins, varie de 1,800 à 2,400 fr. ; celui des conseillers de cour d'appel, de 3,000 à 4,200. Notre tableau est de 1847 ; peut-être, les chiffres ont-ils un peu augmenté depuis ; mais en tout cas, c'est de fort peu. On voit que la magistrature, dans ces conditions, ne peut se recruter que dans une certaine catégorie de la classe bourgeoise ; de là, l'accusation de népotisme et d'esprit de caste qu'on porte, non sans apparence de raison, contre la plupart de ses membres. Ainsi s'expliqueraient aussi, si nous avions le temps de nous y arrêter et de chercher des indications dans la marche des procédures, dans l'esprit des arrêts,— les influences rétrogrades auxquelles les tribunaux semblent presque toujours obéir,.. mais nous ne voulons pas oublier le respect qu'il est de convenance de donner à l'institution et nous craindrions d'ailleurs que la date de ce manuel ne donnât à notre travail un caractère de polémique qui n'est pas dans nos intentions.

Pour conclure, nous exprimons ce vœu qu'on en revienne purement et simplement à la théorie de nos constituants de 91 ; qu'on donne au peuple, à certaines conditions qu'on pourra déterminer, l'élection de ses juges de tous degrés. Le suffrage universel qu'on pourrait d'ailleurs, dans ce cas particulier, transformer en suffrage à deux degrés, est aussi capable de choisir ses magistrats que ses députés ; peut-être les choisira-t-il mieux. — On donne comme une objection la crainte « du caprice et de la faveur populaires. » Caprice et faveur, soit ! mais à défaut égal, nous préférons encore les caprices du peuple aux caprices de ses tyrans.

CHAPITRE XII

Du Jury

Il est une autre question qui touche à l'organisation du pouvoir judiciaire et que, pour cette raison, nous traiterons à cette place : nous voulons parler du jury.

Le jury, tel que nous le comprenons et voudrions voir fonctionner, est la seule institution judiciaire vraiment compatible avec l'état démocratique. La société seule ayant le droit de juger ses membres, et les accusés, de leur côté, étant fondés à réclamer le jugement de leurs *pairs*, c'est-à-dire de leurs égaux, l'institution du jury, représentation aussi parfaite que possible, de *tout le monde*, répond le mieux à cette double condition. Mais non pas un jury composé arbitrairement, et comme on dit, trié sur le volet. La liste des jurés doit comprendre l'universalité des citoyens, tous ceux du moins que l'inconduite ou l'immoralité, ou encore le défaut notoire d'instruction élémentaire et d'intelligence n'en écartent pas obligatoirement.

« Là seulement est le véritable jury, a dit un magistrat distingué (*), où la volonté de l'homme a le moins d'influence possible sur la liste des jurés; où ceux qui doivent y être inscrits sont désignés par la loi avec une précision qui ne laisse rien à l'arbitraire; où, une fois formée, elle est invariable; où, pour l'appel de ceux qui doivent figurer dans les différentes affaires, l'ordre du tableau est religieusemeut gardé; où le nombre des récusations péremptoires est tel que l'on peut dire que chaque juré est du choix du prévenu; enfin où, lorsque l'accusation est intentée par le gouvernement et dans son intérêt, le poids d'un aussi puissant accusateur est balancé par des garanties spéciales dont la loi prend soin d'environner l'accusé. »

Ces réflexions qui, dans la pensée de l'auteur, s'appliquaient au jury restreint, tel qu'il existe chez nous, depuis le Code du Consulat, sont tout aussi justes et vraies, s'appliquant au jury plus étendu et, pour ainsi dire, universel, tel que nous le demandons et tel que nous l'aurons certainement, avec les progrès de l'instruction et de la

(*) M. Henrion de Pansey.

science politique, en France. A ceux qui tiennent dans leurs mains le sort et jusqu'à la vie des accusés, il faut demander, plus qu'à aucuns autres, les garanties d'indépendance et d'impartialité, sans lesquelles la justice n'est plus qu'un leurre. C'est parce que l'universalité des citoyens présente, plus que la partie, ces garanties nécessaires, que nous demandons, d'une façon générale, la substitution du jury étendu au jury restreint et, dans un cas plus particulier, la substitution du jury à la magistrature, pour des affaires qui ne sont aujourd'hui de la compétence que de cette dernière.

En effet, dans l'organisation actuelle, le jury n'est établi, en France, que pour les matières criminelles. C'est sur l'existence du fait criminel, sur la culpabilité ou la non-culpabilité de l'accusé, sur les circonstances atténuantes qui peuvent se rencontrer, que les jurés ont à prononcer. Sur ses conclusions, l'autorité judiciaire proclame et applique la sentence.

N'y aurait-il pas lieu d'étendre, en matière civile, cette capacité du jury, bornée jusqu'ici au criminel? D'excellents esprits l'ont pensé, et nous nous attachons à leur opinion. L'exemple nous est donné déjà par les états libres, la Suisse, les Etats-Unis, l'Angleterre. En France même, dans un cas spécial, celui de l'expropriation forcée pour cause d'utilité publique, le principe du jury s'est imposé, comme le seul moyen de sortir d'inextricables difficultés venant de l'avidité des propriétaires.

L'Assemblée constituante avait, en 1790, examiné la question. Ses sympathies étaient pour l'extension des attributions du jury aux matières civiles. Elle n'a été arrêtée que par des obstacles de pratique et par la crainte de ne pas arriver assez vite à l'application. En réalité, ces obstacles sont moins grands qu'on se l'imagine. Dans le civil comme dans le criminel, avant toute question de droit il y a une question de fait à résoudre et, s'il est vrai que dans le dédale de nos lois, en présence d'un code dont chaque article ouvre un champ aux systèmes et aux controverses, une connaissance spéciale du droit est nécessaire pour arriver à une décision, — il n'en est pas de même de la question de fait, toute matérielle, et que le simple bon sens, après connaissance prise du débat, suffit à élucider.

A adopter ce système, c'est-à-dire à proclamer la compétence du jury en matière civile, nous voyons plusieurs avantages. Celui d'abord d'écarter les juges d'un domaine qu'ils ont trop envahi, et de le rendre à la collectivité des citoyens à qui il appartient en propre. Cette considération touche à celles-ci : c'est que le peuple trouverait, dans cette extension du jury, un moyen de s'initier à l'idée du Droit qui lui est aujourd'hui presque complètement étrangère et apprendrait mieux l'art. de gérer ses propres intérêts. Puis, pour en revenir à cette question de l'appréciation des faits qui est aujourd'hui dans l'apanage des juges, tandis qu'elle revient de droit à tout le monde, comme cette appréciation, pour être exacte, doit tenir compte des milieux divers, des situations, de la marche souvent si brusque et des aspects si variés des événements, les jurés qui sont de notre monde à tous, qui appartiennent aux divers milieux, qui ont ressenti la commotion des événements et qui en ont eu leur part— *et quorum pars magna...* ne sont-ils pas plus aptes à faire cette appréciation que la magistrature, vivant dans son monde à part, peu mêlée au commerce des hommes et des classes, isolée et par conséquent impuissante, au milieu de sa sérénité olympienne ?

Nous livrons ces réflexions, peut-être trop longues, aux hommes de sens et d'étude. Nous croyons que leurs conclusions seront identiques aux nôtres.

CHAPITRE XIII.

—

Radicaux et Conservateurs.

Nous avons exposé, dans les chapitres précédents, les divers systèmes de gouvernement, nous avons démontré l'excellence de la forme républicaine, nous avons indiqué quelles sont les vraies assises et quelle doit être l'organisation, la constitution de la République démocratique. Nous allons, dans ce qui va suivre, traiter plus spécialement des conditions inhérentes, suivant nous, à cette forme de gouvernement et nous examinerons, dans leur ensemble et sans entrer dans les détails, les points principaux de ce qu'on peut appeler le *programme* du parti républicain.

Ici nous ouvrons une parenthèse pour nous expliquer sur un mot qui, depuis plus de deux ans, envahit la politique courante, qu'on a, suivant une expression vulgaire, mis à toutes les sauces, dont on s'est fait

une arme de guerre qui sonne, dans la
bouche de certaines gens, comme l'abomination de la désolation : nous voulons parler du mot *radical*. Assurément, la plupart
de ceux qui l'emploient, ne savent ni pourquoi, ni dans quel sens. Ce que nous avons
vu de plus clair jusqu'ici, c'est qu'on enve-
loppe dans ce vocable, dont on essaie de
faire une injure, tous les républicains de
principes et de conviction, qu'ils soient de
la veille ou du lendemain. Entendons-nous
cependant ! Si vous faites du mot *radical*
tout simplement le synonyme du mot *républicain*, c'est une expression de trop dans la
langue et nous demandons qu'on la suppri-
me. Si vous voulez dire que nous sommes
des exaltés, des impatients, des cerveaux
brûlés, qui ne voulons compter ni avec les
obstacles ni avec les nécessités du temps et
des hommes et demandons, sans délai,
l'application d'un idéal chimérique, nous
protestons à la fois et contre le mot et contre le sens qu'on lui donne ; et d'ailleurs
notre conduite, depuis trois ans, est là
pour répondre de nous-mêmes et pour faire
justice d'une aussi sotte accusation. Nous
avons soutenu M. Thiers qui n'avait ni nos
principes ni notre but : cherchant ce qui
rapproche et non ce qui divise, nos députés
et nos journaux l'ont appuyé jusqu'au bout
dans l'œuvre qu'il avait entreprise de réor-

ganiser le pays et d'établir en France, sur le consentement de tous, la République qu'il avait définie, dès 48, « le gouvernement qui divise le moins, » et qu'il nommait à juste titre conservatrice, car mieux qu'aucun autre régime, elle peut conserver et consolider tous les intérêts sociaux. — On voit combien est absurde, dans ce sens, l'accusation portée contre nous de radicalisme. En ce qui nous concerne, nous nous en défendons de tout notre pouvoir.

Reste une troisième signification que nous acceptons, celle-là. Oui, si par radicalisme on entend l'ensemble du système démocratique et la volonté d'appliquer, en leur temps, toutes les parties d'un programme parfaitement homogène, clairement défini, où tout se tient et s'enchaîne, qui a l'émancipation du peuple pour but et la liberté pour moyen ; si l'on veut dire que nous sommes, en même temps que républicains, partisans de la conscience libre, de l'enseignement obligatoire, de l'organisation vraiment nationale de l'armée, d'une refonte de nos législations, d'une assiette meilleure des impôts et tous les autres points qu'on trouvera développés plus loin, — assurément nous sommes des radicaux, dans cet ordre d'idées, et nous en tirons honneur. On jugera, par l'exposition que nous en ferons, si ce programme qui est le nôtre est vraiment chose si outrée et si effrayante ; et, qu'on repousse ou non dans l'usage un terme que nos adversaires ont essayé de rendre désobligeant, nos lecteurs verront s'il ne leur convient pas de retenir pour eux son troisième sens, et d'être des radicaux, dans la bonne acception du mot.

Nous fermons cette parenthèse pour en ouvrir une autre sur le mot de conservateur. Nous admettons parfaitement que beaucoup diffèrent avec nous sur le mérite et l'opportunité des divers points de notre programme. Nous comprenons qu'il existe en France un parti conservateur très nombreux, et nous verrons sans peine qu'il s'augmente de toutes les recrues qui lui viendront, si la République s'établit, du parti monarchiste disloqué. Nous concevons la République fonctionnant, d'une façon régulière, et vivant de la lutte pacifique et féconde de deux partis, de tendances et d'opinions diverses. Ce serait quelque chose d'analogue à ce qu'est, en Angleterre, la lutte des *whigs* et des *tories*. Tantôt le gouvernement appartiendrait aux hommes de progrès et tantôt aux hommes de conservation, suivant l'appui que les uns ou les autres auraient rencontré près du pays, dans la campagne électorale. La minorité, ayant l'espoir de passer à l'état de majorité, n'agirait sur l'opinion que par la conviction et

par la propagande. Jamais de révolutions
et l'assurance d'un contrôle sérieux de l'un
des partis sur l'autre. Au-dessus, le principe du gouvernement universellement respecté et mis hors de l'atteinte et des atta-
ques des factions. Voilà le tableau que nous
entrevoyons pour notre pays, et dans un
avenir prochain, si les conservateurs voulaient être aussi sages que ces radicaux
qu'ils accusent et s'ils prenaient, une fois
pour toutes, leur parti de la chute définitive
de la monarchie.

CHAPITRE XIV

—

Séparation de l'Eglise et de l'État

Cette question de la séparation des églises et de l'État est assurément une des plus importantes qu'on puisse soulever, et nous n'hésitons pas à la mettre en tête du programme républicain que nous essayons de tracer.

Nous avons entendu des esprits fort judicieux, très attachés à la République et à la démocratie, se diviser sur cette question, les uns affirmant que nous n'avions qu'à gagner à proclamer le principe de l'indépendance des églises à l'égard de l'État, les autres soutenant que cette indépendance nous serait funeste.

La raison de ces derniers était qu'à tout prendre l'État est d'ordinaire plus libéral que les églises ; que les besoins de domination qui se rencontrent notamment chez les sectateurs militants du catholicisme,

trouvent dans la suprématie de l'État con-
sacrée par le Concordat un frein nécessaire ;
que si l'État fait, à vrai dire, la part fort
belle aux ministres des cultes, en les payant
sur son budget, en leur élevant des temples,
des autels et des chaires, il y gagne d'être
à l'abri des polémiques et des querelles
qui ne manqueraient pas de s'élever contre
lui de ces mêmes chaires, s'il leur retirait sa
tutelle ; que l'Église ayant été de tout temps
considérée comme un *instrumentum regni*, il
importe de ne pas enlever à la République,
pour le laisser aux mains d'adversaires,
cet instrument commode, et qu'enfin, si la
liberté perd de ses droits à maintenir le
concordat, la raison d'État y gagnera. Et
la raison d'État, pour les politiques dont
nous parlons, se justifie toujours par l'axio-
me romain : *Salus populi suprema lex esto.*
L'intérêt du peuple doit être la loi suprême.

« D'ailleurs, ajoutaient les personnes
dont nous reproduisons ici l'opinion, il ne
faut pas croire que la suppression du budget des cultes desservirait le clergé en l'ap-
pauvrissant. Les bonnes âmes et les dévotes
sont en assez grand nombre pour que leurs
dons comblassent bientôt les vides que cette
suppression ferait dans sa bourse. Les gens
ruinés par vous continueraient, après comme avant, de se bien porter, d'avoir gros-
ses prébendes, et de faire danser les écus

dans leurs escarcelles. Vous y gagneriez qu'ils crieraient à la persécution, au vol d'un bien qui leur était légitimement dû, et qu'ils attendriraient au tableau de leurs prétendues infortunes des cœurs qui, sans cela, leur seraient restés fermés. Et ne voyez-vous pas de ce fait les legs, les donations pleuvoir sur eux, les biens de main-morte ressuscités sans que vous puissiez y trouver à redire, les couvents pullulant et les congrégations plus florissantes que jamais? Craignons de voir renaître en France le fanatisme des individus et les haines de secte à secte. L'autorité de l'État étendue sur tout cela est notre sauvegarde à nous, libres-penseurs, et c'est aussi la meilleure garantie de la paix publique. Ne lâchons pas la proie pour l'ombre et payons la dorure pour maintenir aux mains de l'État la chaîne dorée qui nous protège. »

Ainsi raisonnaient certains politiques de notre connaissance, et nous avouons que quelques-uns de leurs motifs étaient faits pour nous émouvoir. Cependant, après réflexion, nous nous prononçons pour l'opinion contraire, pour celle qui « lâche la proie » au profit de la liberté.

Car, ce que nous voulons voir surtout dans la question qui nous occupe, c'est ce grand intérêt de la liberté de conscience. Le concordat, c'est à la fois l'abaissement de l'Etat et l'avilissement de l'Eglise. Dans toute théorie un peu philosophique, l'Etat ne doit plus être un être de raison ayant des droits à lui, des devoirs à lui, protecteur ou tyran suivant les cas. Son rôle doit être restreint à ceci : assurer la liberté de chaque particulier; et il ne doit avoir d'autorité que juste ce qu'il en faut pour empêcher la volonté de mon voisin d'opprimer la mienne et ma liberté d'empiéter sur la liberté d'autrui. N'y eût-il, dans une République, de tous points bien organisée, qu'un seul citoyen dont la liberté fût gênée et dont la conscience subît des entraves, c'est un de trop, et la loi pèche qui permet cette oppression.

Est-ce à dire que l'Etat ne garde pas, dans une certaine mesure, son droit de réglementation, de surveillance, de police ? A Dieu ne plaise ! L'Etat a ses lois, qu'il ne peut permettre à personne d'enfreindre, pas plus sous prétexte de religion que sous tout autre. L'Etat a ses charges, charge de défendre la propriété, charge de protéger la sécurité des personnes, charge de veiller à l'observance des mœurs. Il ne saurait tolérer des prédications, ni des maximes, ni des religions qui contreviendraient à tout cela. D'accord. Mais en dehors de ce domaine, les opinions lui échappent. L'Etat n'a pas charge d'âmes, et toute ingérence de sa part dans des matières qui ne relèvent que de la conscience est une usurpation. La République des Etats-Unis a raison quand elle proscrit la secte des mormons, puisque ses lois sont contraires à la polygamie que cette secte pratique. Mais qu'un prêtre de Bouddha vienne s'établir chez nous et prêcher la transmigration des âmes, qu'un quaker passe le détroit pour faire chez nous des prosélytes, nous trouvons malavisé l'Etat qui chercherait à l'interdire, et qui répondrait à des manifestations innocentes par l'envoi d'un commissaire de police.

La suppression du budget des cultes enrichira le clergé loin de l'appauvrir. Soit ! En tout cas, il est quelqu'un qui y gagnera : c'est le contribuable qui gardera dans sa poche l'argent qu'il lui eût fallu, sans cela, donner au percepteur. Quant aux fondations d'églises, dues à l'initiative privée, quant aux dons des âmes pieuses pour la subvention du culte, quant aux legs des dévotes, nous ne les empêchons pas maintenant, nous ne saurions plus tard y trouver à redire.

Le doute est d'ailleurs permis sur cette question de l'enrichissement possible du clergé. Mais quoi qu'il en advienne, le principe qui domine toutes nos préoccupations en cette matière, c'est le principe de la liberté des consciences qui ne peut-être assurée que par l'indépendance complète des différents cultes.

CHAPITRE XV

—

De l'instruction obligatoire, gra-
tuite et laïque.

L'article 203 du Code civil est ainsi conçu :
« Les époux contractent ensemble, par
» l'effet seul du mariage, l'obligation de
» *nourrir, entretenir,* et ÉLEVER leurs en-
» fants. »

Quelqu'un s'est-il jamais avisé, à propos de cette obligation faite aux parents
de nourrir et d'entretenir leurs enfants, de
crier à l'arbitraire de la loi, à l'oppression
de la liberté des pères de famille? Non. —
C'est qu'en effet le droit des enfants, né
avec eux, prime en ce cas, de l'aveu de
tout le monde, le droit des parents. Le père
assez dénaturé pour refuser à son enfant,
qui n'a pas demandé de venir au monde,
les aliments et le vêtement, violerait à la
fois la loi naturelle et la loi civile.

Notre thèse est que le troisième point visé

par la loi, l'obligation d'*élever* les enfants, doit contenir, en bonne justice, si elle ne le contenait pas dans la pensée des rédacteurs du Code, le devoir d'instruction comme le devoir d'éducation. Nous soutenons qu'un père de famille doit à son enfant le pain de l'esprit comme il lui doit le pain du corps et qu'il n'y a pas lieu, dans un cas plus que dans l'autre, de protester au nom du droit ou de la liberté du père.

Si nous voulons être un peuple digne de se gouverner lui-même, si nous voulons, en un mot, mériter la République, il est de toute nécessité que chaque citoyen soit instruit, assez du moins pour pouvoir s'occuper des affaires du pays, discuter en connaissance de cause le choix de ses mandataires, lire les journaux, les professions de foi de ses candidats, afin de ne pas voter pour eux à l'aveuglette. Bien avant que Napoléon III eût dit cette phrase qui aurait pu dans sa bouche passer pour une dérision : « Dans un pays de suffrage universel tout citoyen doit savoir lire et écrire, » Washington, le fondateur de la République aux Etats-Unis, avait proclamé cette nécessité en ces termes : « Dans tout pays, l'instruction est le fondement du bonheur public ; mais chez un peuple où existe le suffrage universel, l'instruction est indispensable. »

N'oublions pas, s'il était besoin d'entasser les raisons pour légitimer l'intervention de l'Etat dans cette question pour lui vitale, que dans nos statistiques criminelles, les illettrés figurent pour la plus large part. Sur 2,218 forçats que renfermait, il y a quelques années, le bagne de Toulon, plus de la moitié, 1,330, ne savaient ni lire ni écrire, 31 seulement possédaient une instruction supérieure.

Et n'a-t-on pas dit, avec grande raison, que dans la dernière guerre, c'est moins le fusil à aiguille que le maître d'école allemand qui nous a vaincus? Hélas ! les mêmes statistiques constatent qu'en France, à l'heure actuelle, en prenant la moyenne de nos 86 départements, 27 pour 100 de nos conscrits ne savent ni lire ni écrire !

Il va de soi que l'Etat, par le seul fait qu'il proclamera l'obligation de l'instruction, devra enlever tout prétexte aux refus des parents dans le besoin, en instituant du même coup la gratuité de l'enseignement primaire. Nous disons de l'enseignement primaire, car l'enseignement secondaire, qu'on donne dans les colléges et dans les lycées, est en quelque sorte un enseignement de luxe que doivent payer ceux qui veulent en faire bénéficier leurs enfants. L'Etat peut d'ailleurs, et doit, à l'aide de *bourses* intelligemment et honnêtement distribuées, faire profiter de cet enseignement les enfants de familles pauvres qui auront révélé, sur les bancs des écoles primaires, un goût spécial et des aptitudes pour la littérature ou pour les sciences. Mais, cette réserve faite, il est clair que l'Etat n'a pas charge de faire de tous les enfants des ingénieurs, des astronomes, des avocats ou des académiciens. Il doit donner aux enfants le nécessaire en instruction : c'est à ceux qui le peuvent et le veulent à s'assurer le superflu.

La direction des jeunes générations importe trop à la société pour que la société, représentée par l'Etat, n'imprime pas cette direction. Il n'est pas aussi indifférent qu'on pourrait le croire que l'enseignement soit donné par tel ou tel ; et les cléricaux le sentent bien quand ils rêvent d'accaparer partout, au profit des congrégations qu'ils inspirent, l'éducation de la jeunesse. Ce qui est encore d'une grande importance, c'est le programme des matières qui seront professées dans les écoles. L'enseignement qui, bien réglé, ferait des hommes, fera, mal conduit, des avortons. L'Etat a donc une surveillance à exercer, et nous trouvons fort équitable que les écoles normales où se feront les instituteurs et les écoles ordinaires où s'instruiront les jeunes gens soient dans sa main. Nous voulons des écoles tenues par l'Etat et nous admettons un enseignement officiel.

Cet enseignement doit être laïque. C'est-à-dire que les instituteurs chargés de le donner seront des citoyens laïques, qui n'appartiendront à aucune corporation ni à aucune congrégation dont les membres sont enchaînés par des vœux et s'inspirent d'un esprit spécial, comme est spécial l'habit qu'ils endossent. C'est-à-dire encore que l'Etat, qui doit assurer la liberté de conscience et qui est d'ailleurs incompétent en matière de dogmes ou de cultes, ne s'occupera pas d'apprendre la religion dans ses écoles. C'est là l'affaire des parents et des ministres des différents cultes. L'instituteur qui tient sa fonction de l'Etat a parfaitement qualité pour apprendre aux enfants la lecture, l'écriture, l'histoire, la géographie, l'arithmétique, toutes connaissances qui ne prêtent point aux controverses : il n'a pas qualité pour apprendre le catéchisme ou les symboles de foi. C'est là l'affaire du prêtre ; et la chaire de l'école commet une usurpation sur la chaire de l'église en s'aventurant sur ce terrain qui lui est étranger. C'est une usurpation contraire, quand le prêtre, sous prétexte d'une surveillance à exercer, pénètre dans l'école, intervient dans les méthodes, corrige, réforme et tranche.

Il y a là une séparation indiquée et nécessaire.

CHAPITRE XVI

De l'Armée.

Dans un ordre de choses idéal qu'il est permis aux sages de rêver, mais que ni nous ni nos petits-enfants ne verront, hélas ! jamais réaliser, — la guerre, reste de l'état de barbarie par lequel a passé l'humanité, la guerre est un fléau qui doit disparaître, devant la doctrine de l'union et de la fraternité des peuples. Si la terre est assez grande pour loger à l'aise tous ses habitants, elle paraîtra d'autre part, grâce aux progrès et à la rapidité des communications, assez petite pour qu'on sente le besoin d'y faire, entre voisins, bon ménage. A quoi bon se disputer et s'entretuer pour la possession d'un lopin de pays que quelques heures de chemin de fer permettent de traverser ? Du reste, quand on aura compris que les annexions de territoire sont plus dangereuses qu'utiles, si l'on n'annexe pas en même temps les cœurs des habitants, peut-être renoncera-t-on aux conquêtes violentes ; peut-être, au lieu de trancher les questions contentieuses, souvent futiles, par des batailles où des milliers d'hommes versent leur sang, songera-t-on à faire vider les différends entre peuples par un congrès souverain, comme on fait vider les différends entre particuliers par des juges compétents. Mais nous le répétons, c'est là un beau rêve et qui n'a de chances de se réaliser que quand tous les peuples auront pris le parti de se débarrasser de leurs monarques.

En attendant, et tant que la guerre sera acceptée par l'humanité comme un fait nécessaire, il faudra des armées. Que seront ces armées ?

Dans un pays démocratique, l'armée doit être la nation tout entière, dans ce qu'elle a d'éléments valides, organisée pour protéger sa propre indépendance et pour marcher à la défense de ses foyers, si l'étranger vient à les menacer. C'est dire que nous approuvons pleinement la nouvelle loi sur le recrutement militaire qui met, en tête de ses dispositions : « Tout Français doit le servive militaire personnel. — Il n'y a, dans les troupes françaises, ni primes en argent, ni prix quelconque d'engagement. » Le système des remplacements et des exonérations, tel que le pratiquait l'empire, était profondément immoral et perversif du sentiment patriotique. Il divisait les contingents en deux classes : ceux qui payaient pour ne pas remplir leur devoir, et ceux qui, trop pauvres pour éviter le service militaire, se faisaient payer, leur temps fait, pour tenir la place des autres devant l'ennemi.

Il va sans dire qu'en réservant la possibilité d'appeler tous les Français valides sous les armes, dans les cas où la patrie peut avoir besoin des bras de tous ses enfants, la loi sur le recrutement doit être telle que les hommes ne soient pas enrégimentés pour un temps trop long, qui les éloignerait des carrières civiles et jetterait le trouble dans les relations sociales. La durée de service actif doit être limitée autant que possible au temps strictement nécessaire pour exercer les hommes et en faire des soldats suffisants. Une fois de retour dans leurs foyers, que les réserves s'exercent et soient tenues prêtes à répondre au premier appel ! Il est évident, du reste, et la chose s'est imposée dans la récente loi militaire, que si l'on veut avoir beaucoup de soldats il faut hâter leur instruction militaire et ne les garder que deux ou trois ans sous les drapeaux.

CHAPITRE XVII

De l'Impôt

L'impôt, mot de la langue féodale, qui rappelle le temps où l'homme était, dans sa personne et dans ses biens, au pouvoir d'un autre homme (*in potestate*, d'où *impôt*), est devenu, depuis la Révolution française, la *contribution* que tout membre de l'État doit à l'État, en échange des profits de toute sorte qu'il retire de sa vie en communauté.

Mais si l'impôt est une nécessité, il est de l'intérêt général que cet impôt soit réparti le plus équitablement possible, qu'il frappe la richesse acquise et non le travail, qu'il ne gêne pas les transactions, qu'il ne grève pas les petites bourses plus que les grandes; il faut enfin qu'il ait la justice pour base en même temps que le bénéfice de la chose publique pour but.

Tout a été dit sur les abus et les inégalités choquantes de l'ancienne fiscalité, dont il reste tant de traces dans la nouvelle. Il est certain que l'assiette actuelle des contributions est, à plusieurs points de vue, mauvaise et contraire aux données de la science économique. Les tarifs de douane, les octrois et les patentes atteignent, avec le commerce, l'une des sources principales de la prospérité publique. Les impôts de consommation sont excessifs, quand il ne sont pas injustes. Les boissons sont taxées, le sucre et le café sont taxés, le papier est taxé, le sel est taxé, les allumettes sont taxées ; l'air même est taxé par l'impôt des portes et fenêtres. Le système actuel d'impôts est un enchevêtrement compliqué, aux mailles duquel personne ne peut échapper et qui a cet avantage, si l'on veut, que ses divisions infinitésimales le rendent moins sensible à la perception. Mais au milieu de ces combinaisons multiples, que devient cette règle fondamentale que l'impôt doit frapper les particuliers proportionnellement à leur fortune ? Si la proportionnalité se maintient à peu près, il faut avouer que c'est bien par hasard.

Beaucoup d'esprits sages et progressistes ont reconnu et proclamé la nécessité d'une réforme complète du système d'impôts. Un des buts de cette réforme doit être de simplifier la perception et de diminuer les frais qu'entraîne cette perception. Il faut un système simple, unique, qui ne frappe pas, de diverses façons et sous divers titres, le même objet plusieurs fois. Il faut que toutes les formes de la richesse, la richesse mobilière et la richesse immobilière, soient également atteintes par l'impôt, mais il importe aussi de ne pas atteindre les sources de la richesse et pour cela d'éviter tout ce qui peut empêcher l'épargne, arrêter la production, entraver la circulation. En substituant, dans la répartition de l'impôt, l'ordre économique au désordre actuel, l'État aura trouvé le meilleur moyen d'encourager le commerce et l'industrie, d'empêcher les grèves et de prévenir toute lutte entre le capital et le prolétariat. L'équilibre social sera la suite de l'équilibre de l'impôt.

Mais sur quelles bases s'établira cette réforme nécessaire de l'impôt ? Deux systêmes ont été proposés. Les uns veulent atteindre la richesse sous la forme du *capital*, les autres sous la forme du *revenu*. Il va sans dire que capitaux et revenus sont déjà frappés par le fisc sous une forme ou sous une autre : l'impôt foncier, par exemple, n'est rien autre chose qu'un impôt sur le revenu du sol. Mais c'est ce systême qu'il s'agit de généraliser, en l'amendant. On ferait table rase, autant que le permettraient les circonstances, des charges actuelles, pour frapper d'un impôt commun, à la fois, — si l'on s'attache à l'impôt sur le revenu — la rente foncière, l'intérêt des capitaux mobiliers, les bénéfices de l'industrie et du commerce, les émoluments professionnels, etc. ; ou, — si l'on préfère s'adresser directement au capital réalisé — on atteindrait ce capital sous toutes ses formes sensibles, terres, maisons, rentes sur l'Etat, effets mobiliers, etc., et, l'estimation faite, on l'imposerait à raison de un pour cent par exemple. On évalue la richesse capitalisée de la France à une somme de deux cents milliards. A ce compte, en imposant le capital de un pour cent, le fisc percevrait chaque année les deux milliards nécessaires à son budget. La nation retrouverait et au-delà par le travail et par l'épargne, sources du capital, les deux milliards qui lui seraient pris ainsi annuellement pour les besoins de l'Etat.

Nous ne pouvons, on le comprendra, entrer plus avant dans l'exposé de ces systèmes. Nous n'avons voulu qu'indiquer ici les vices de la répartition actuelle de l'impôt et la nécessité, nous pourrions dire l'urgence, d'une réforme à y introduire. En face des difficultés budgétaires de toute sorte qui sont la conséquence de la dernière guerre, la question s'impose plus que jamais à nos législateurs.

CHAPITRE XVIII

—

Liberté, Egalité, Fraternité.

C'est la grande devise républicaine, la formule des temps nouveaux, qu'il ne suffit pas d'inscrire sur les monuments publics, sur les médailles et les monnaies, mais qu'il faut tâcher de faire passer dans le cœur de tous les hommes.

Une nation ne peut être grande et illustre qu'à la condition d'être composée de citoyens égaux entr'eux, unis et libres.

L'égalité que nous demandons, c'est l'égalité devant la loi, devant la justice, devant l'impôt, où elle s'appelle proportionnalité, l'égalité devant les fonctions publiques, auxquelles des concours ouverts à tous ou le libre choix des concitoyens devraient seuls donner accès. C'est de cette égalité que nous parlons, non d'une égalité chimérique et brutale des fortunes et des conditions, qui fut le rêve de quelques esprits déréglés, mais qui n'a jamais eu, dans notre sage pays de France, que de très-rares prosélytes.

Quant à la liberté, nous la voudrions aussi étendue que possible et pour ainsi dire illimitée. L'abus de la liberté, la licence, n'est pas à craindre chez les peuples habitués à la liberté, instruits et mûris par elle. Les gouvernements monarchiques ont raison d'avoir peur de la liberté et de la discussion ; mais les peuples organisés en République n'ont rien à craindre d'elles. Pourquoi vouloir gêner la pensée, la parole, les écrits ? Le bon sens public ne suffira-t-il pas à faire justice des théories extravagantes et des provocations malheureuses ? D'ailleurs, si des théories répréhensibles on voulait passer aux actes coupables, n'aura-t-on pas toujours les tribunaux pour faire justice des agitateurs et des criminels ?

Répétons-le : la liberté se corrige par elle-même. Les révolutions viennent toujours de l'excès de la compression. La résultante de la grande élaboration des cerveaux humains, c'est une idée de justice, de droit et de progrès. Il y a tout à gagner à favoriser cette élaboration, et on ne peut invoquer que de mauvaises raisons pour l'entraver. — Nous sommes donc partisan :

De la liberté absolue de conscience, avec les conséquences que nous avons indiquées au chapitre *de la séparation de l'Eglise et de l'Etat* ;

De la liberté individuelle, avec les garanties qu'elle comporte ;

De la liberté absolue de la presse, pour tout ce qui ne tombe pas sous le coup des lois comme contraire aux mœurs ou comme provocation à commettre un crime ;

De la liberté de réunion et de la liberté de parole, avec les seules réserves que nous venons d'énoncer ;

De la liberté d'association, seul moyen pour ceux des travailleurs qui peuvent avoir à se plaindre de leurs conditions d'être dans la société et de l'infériorité de leurs salaires, de s'entendre et de faire prévaloir leurs justes réclamations.

Toutes ces libertés et d'autres encore n'ont rien de bien effrayant. Elles existent non-seulement en Amérique et en Suisse, mais dans beaucoup de pays monarchiques, comme l'Angleterre et la Belgique, et nous ne voyons pas qu'elles y aient jamais rien bouleversé et que les fondements de la société en aient été atteints. C'est une honte pour la France d'en être encore sur ce point à trouver des modèles dans presque tous les Etats, et nous n'aurons jamais couronné l'œuvre de la Révolution française tant que nous n'aurons pas changé toutes nos lois de répression en autant de lois de liberté.

Quand nous aurons réalisé chez nous les deux premiers termes de notre devise, il nous restera à faire passer dans les faits le beau mot de fraternité. Ceci touche à la morale encore plus qu'à la politique; mais à ces hauteurs sereines, la politique et la morale universelle se confondent. « Ne faire à autrui que ce qu'on voudrait qui vous fût fait à vous-mêmes » et « s'aimer les uns et les autres, » ce sont là les deux conditions du bonheur social en même temps que les prescriptions les plus hautes du devoir particulier. Nous sommes heureux de finir ce Manuel sur ce vœu que la concorde se fasse entre tous les citoyens d'une même patrie, en attendant que l'union règne entre tous les peuples et la fraternité entre tous les hommes !

FIN

Troyes, imp. Brunard, rue Urbain IV, 85